BASA-ALSA와 함께하는
학습전략 프로그램 워크북

인지전략 기르기

| 김동일 저 |

학지사

2014년 정부(교육부)의 재원으로 한국연구재단의 일반공동연구지원을 받아 수행된 연구임
(NRF – 2014S1A5A2A03064945)

머리말

자기주도 학습자로 성장하기 위하여 학습전략은 초등학교 학생에게 필요한 능력이며, 자신이 스스로 깨우쳐야 할 기술로 여겨져 왔다. 학습전략의 결손으로 학업부적응을 보이는 학생이 증가하면서 이에 대한 교육적 요구가 점차 커지고, 이제는 혼자서 그냥 익혀야 할 기술이 아니라 체계적으로 가르치고 배워야 할 기초학습기능의 중요한 구성요소로서 관심이 높아지고 있다. 특히 학업 곤란도가 높아진 초등학교 3학년 이후 나타나는 학업 문제는 성적이나 평가뿐만 아니라 학생의 전반적인 자아개념, 대인관계, 가족관계, 인지 및 정서 발달 등 광범위한 영역에 영향을 주는 중요한 요인이다.

이 학습전략 프로그램 워크북[동기와 자아효능감, 자원관리전략, 인지전략, 초인지전략, (3학년 수준의) 교과 학습전략]은 아동의 학업 동기를 높이고, 적절한 학습방법 탐색의 기회를 제공함과 동시에 초등학교 교과서를 소재로 하여 학습자 맞춤형 학습전략을 개발하고 활용하도록 하는 데 목적이 있다.

이 워크북은 BASA(Basic Academic Skills Assessment: 기초학습기능 수행평가체제) 읽기, 수학, 쓰기 검사 결과에 따라 추가적인 개입이 필요한 초등학교 3학년 이상의 학습자를 대상으로 기초기능으로서의 학습기술에 초점을 맞추며, 또한 ALSA(Assessment of Learning Strategies for Adolescents: 청소년 학습전략검사)와 연계하여 학습전략을 정교화하고 풍부하게 활용할 수 있도록 구상되었다.

　앞으로 교육현장에서 우리 아이들이 유능한 학습자로서 자신에게 적합한 학습방법을 적극적으로 탐색하기를 기대한다.

2015년 9월

SNU SERI

소장 김동일

차 례

BASA-ALSA와 함께하는
학습전략 프로그램 워크북 ④

인지전략 기르기

차시의 특성

인지전략 영역의 목표는 학습장애 학생이 학습에 필요한 인지전략 및 기술을 익혀 수업 내용을 좀 더 효과적으로 이행하고 학습할 수 있도록 하는 데 있다. 인지전략 및 기술은 학습전략의 한 유형으로, 학생이 정보를 적극적으로 처리하고 조직적으로 기억하는 데 도움을 주는 전략으로 정의된다. 인지전략의 하위 전략으로는 예상하기, 반복하기, 요약하기, 표나 그림으로 나타내기, 의역하기, 질문하기, 암기하기 등이 있다.

1차시에서는 각 인지전략의 하위 전략들이 구체적으로 어떤 전략인지 살펴보기 이전에 각 인지전략의 종류들에 대해 개괄적으로 이해하는 것을 목표로 한다. 또한 인지전략들 중에 자신이 주로 사용하는 전략은 무엇이고, 또 사용하지 않는 전략은 무엇인지 파악해 보고 학습 능률을 올리기 위해 사용하면 좋을 전략들을 탐색해 보는 데 초점을 둔다.

학습목표	■ 인지전략이 무엇인지 이야기할 수 있다. ■ 인지전략의 종류와 특성을 말할 수 있다.
내용	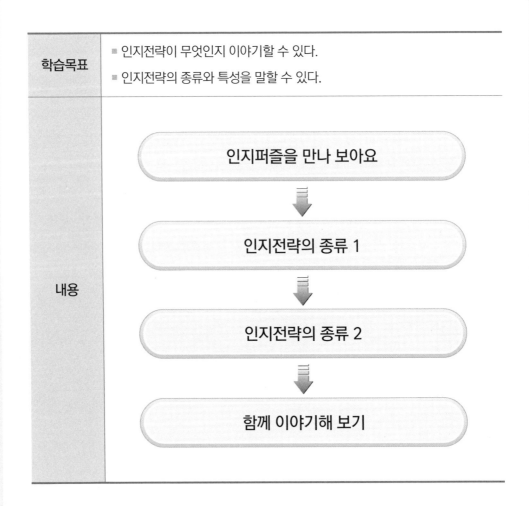

인지퍼즐을 만나 보아요

인지전략의 종류 1

인지전략의 종류 2

함께 이야기해 보기

인지퍼즐을 만나 보아요

Tip 퍼즐을 맞추는 도입 활동을 통해 여러 가지 인지전략 종류들을 퍼즐 조각에 비유하여 재미있게 살펴보도록 하는 활동이다.

다음 그림을 보고 이야기를 읽어 보세요.

반복하기

　　여러분 앞에는 퍼즐 조각들이 흩어져 있어요. 바로 '인지퍼즐'의 조각들이에요. 하나하나의 퍼즐 조각들은 각각 하나의 인지전략을 나타내고 있습니다. 예를 들어, 제일 앞쪽에 보이는 조각의 위에는 '반복하기'라고 써 있죠? 그 퍼즐 조각이 인지전략 중 '반복하기' 전략을 나타내는 것이에요.

　　이제부터 우리는 이 퍼즐 조각을 모두 맞추어서 어떤 그림이 완성되는지 보려고 해요. 그런데 이 퍼즐을 맞추려면 각각의 퍼즐 조각들이 나타내는 인지전략이 어떤 것인지 알아야 합니다. 하나의 인지전략을 습득할 때마다 그에 해당하는 퍼즐 조각을 얻을 수 있어요. 이 퍼즐 게임의 규칙을 잘 알겠죠?

　　그럼 본격적으로 퍼즐을 맞추기 전에, 우리가 알아야 할 인지전략에는 어떤 것들이 있는지 살펴볼까요?

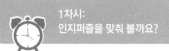

인지전략의 종류 1

📋 다음 표에서 앞으로 배울 인지전략들을 간단하게 소개하고 있습니다. 잘 읽어
봅시다.

	예상하기	제목이나 그림을 본 후, 내가 이미 알고 있는 정보를 사용해서 어떤 내용이 이어질지 예상해 봅니다.
	반복하기	여러 번 보고, 읽고, 말하고, 들으면서 배운 내용을 더욱 잘 기억하도록 합니다.
요약하기	**핵심 단어 뽑기**	글의 중요한 핵심이 되는 단어를 뽑아서 글의 내용을 간단하게 정리해 봅니다.
	중요한 문장 밑줄 긋기	중요한 문장은 나중에 찾기 쉽게 밑줄을 긋습니다.
	불필요한 문장 제외하기	중요하지 않은 내용은 선을 그어 지워서 중요한 내용만 볼 수 있도록 합니다.

인지전략의 종류 2

표나 그림으로 나타내기	표나 그림을 그려 이야기의 중요한 내용을 정리합니다.
의역하기	이미 적혀 있는 단어나 구절에 얽매이지 않고 스스로 이해하기 쉽게 전체의 뜻을 살려 해석합니다.
질문하기	모르거나 의심되는 점을 물어봅니다.
암기하기	중요하다고 생각하는 부분을 외웁니다.

나는 공부할 때 어떠한 인지전략들을 사용하고 있나요?

암기하기, 질문하기, 반복하기

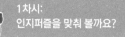

📋 앞에서 배운 인지전략 퍼즐 조각들을 하나하나 모아서 다음 퍼즐 그림을 완성해 봅시다.

📋 인지전략 퍼즐을 완성하고 나니 어떤 느낌이 드는지 이야기해 봅시다.

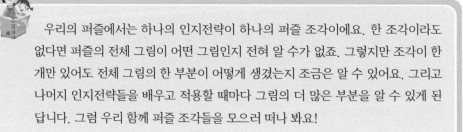

우리의 퍼즐에서는 하나의 인지전략이 하나의 퍼즐 조각이에요. 한 조각이라도 없다면 퍼즐의 전체 그림이 어떤 그림인지 전혀 알 수가 없죠. 그렇지만 조각이 한 개만 있어도 전체 그림의 한 부분이 어떻게 생겼는지 조금은 알 수 있어요. 그리고 나머지 인지전략들을 배우고 적용할 때마다 그림의 더 많은 부분을 알 수 있게 된답니다. 그럼 우리 함께 퍼즐 조각들을 모으러 떠나 봐요!

미션! 인지전략 보드게임

※ 준비물: 주사위, 말판, 개인용 말

　비어 있는 칸은 교사가 학생들과 이야기하여 재량껏 채워 넣어도 좋습니다.

　순서를 정하여 한 명씩 주사위를 던집니다. 던진 칸만큼 각자의 말을 전진하는데, 그 칸에 있는 활동을 수행합니다. 각 활동들은 벌칙도 있고, 이번 차시에서 배운 인지전략을 활용하는 것도 있습니다. 인지전략 칸에 걸리면, 말판 중앙에 있는 애국가 3절을 가지고 각 인지전략을 활용해 봅니다. 따라서 보드게임의 미션은 인지전략을 활용하여 도착하기 전까지 애국가 3절을 외우는 것입니다.

출발~!		앞으로 3칸		한 번 쉬기		예상 하기		반복 하기

그림으로 그려 보기	애국가 부르기	암기 하기		암기 하기	반복 하기	개다리춤 10초	질문 하기	반복 하기

엉덩이로 이름 쓰기
두 번 쉬기
예상하기
한 번 쉬기
개다리춤! 친구들이 OK할 때까지

애국가 (3절)
가을 하늘 공활한데
높고 구름 없이
밝은 달은 우리 가슴
일편단심일세.

무궁화 삼천리 화려강산
대한 사람 대한으로 길이 보전하세.

앞으로 2칸		암기 하기		의역 하기	애국가 3절 부르기. 모르면 5칸 뒤로~
표로 나타 내기					도착! 애국가 3절 부르기

의역 하기		질문 하기

📖 차시의 특성

2차시는 그림이나 글을 보고 중심 내용과 글의 전개 방향에 대하여 예상하는 활동으로 구성되어 있다. 단서를 보고 내용을 예상하는 것은 학습전략 중의 하나다. 따라서 이번 차시에서는 다양한 예상하기 활동을 통하여 필요한 학습전략을 익히고 사용할 줄 아는 것을 목표로 한다.

김계현(2001)은 학습전략이란 학습 또는 정보를 효율적으로 기억하는 데 필요하거나 도움이 되는 여러 종류의 기능과 능력, 방법을 의미한다고 하였다. Dansereau(1985)는 학습전략이란 정보의 획득, 저장, 활용을 촉진시킬 수 있는 과정 또는 단계의 집합이라고 하였다. 또한 Weinstein과 Mayer(1986)는 학습전략을 학습자의 학습 과정에 영향을 미치는 행동양식과 사고체계로서, 학습자가 새로운 정보를 획득·기억·재생하는 방식에 영향을 미치는 인간의 정보처리 활동이라고 정의하였다.

학습전략은 활동, 단계 및 수준에 따라 여러 종류로 나뉜다. Dansereau(1978)는 학습전략을 학습 내용을 익히는 데 직접 영향을 주는 '주전략'과 학습 분위기 조성에 영향을 주는 '보조전략'으로 구별하였다. 주전략에는 학습 내용을 이해하고 기억하는 데 도움이 되는 이해전략과 파지전략, 이전에 기억해 둔 학습 내용을 필요한 순간에 다시 꺼내서 활용하는 것과 관련된 회상전략과 사용전략이 있으며, 보조전략에는 목표 계획과 설계전략, 주의집중 전략, 자기점검 및 진단 전략이 있다고 보았다. 김영진(1998)의 독서능력 향상 프로그램에서는 시각 전환하기, 개관하기, 질문하기, 읽기와 암송하기 등의 활동을 통해 학생의 인지 및 상위인지 전략을 향상시키고자 하였다.

이 차시에서 다루는 '예상하기'는 Dansereau가 말한 '주전략' 중 회상전략과 파지전략을 사용하는 예상하기에 대하여 다루고자 한다. 이는 김영진이 제시한 독서 능력 향상 프로그램에서 시각을 전환하고 개관하는 단계에 해당된다. 초등학교에서 읽기는 모든 학습의 기본이 된다. 그러므로 중요한 출발점이 바로 '예상하기' 활동을 하는 것이다. 이 차시에서 학생들은 그림의 부분을 보고 전체 내용을 예상하고, 전체 그림을 보고 자신의 예상을 수정하는 활동을 거치게 될 것이다.

학습목표	■ 배경지식을 활용하여 제목을 보고 글의 내용을 예상할 수 있다. ■ 제목과 핵심어를 보고 예상한 글의 내용을 수정할 수 있다.
내용	그림 속 상황 예상하기 ↓ 그림의 부분으로 글 예상하기 ↓ 전체 그림을 보고 예상 수정하기 ↓ 함께 이야기해 보기

**2차시:
예상하기**

그림 속 상황 예상하기

📋 다음 그림을 보고 어떤 상황인지 예상해서 적어 봅시다.

😊 이 사람은 누구일까요?

엄마

😊 무엇을 하고 있나요?

출근을 하고 있다.

😊 이 사람의 기분은 어떨까요?

마음이 급하다.

😊 왜 그렇게 생각했나요?

회사에 지각을 했기 때문에

그래요. 사전지식과 경험 덕분에 제시된 상황을 잘 이해할 수 있었어요.
새로운 지식을 접할 때에는 기존에 내가 알고 있던 배경지식을 가져오는 것이 이해하는 데 도움이 된답니다.

그림의 부분으로 글 예상하기

 다음은 어느 글의 핵심어를 담은 그림입니다.

> **Tip** 그림의 일부분을 보고 전체 글의 내용을 예상하는 활동이다. 이 활동에서는 자신의 배경지식을 활용하여 그림의 중심 내용을 추측해 보도록 촉진한다. 그러므로 정답은 없고 각각 자신의 배경지식에 비추어 글의 내용을 자유롭게 상상해 보도록 한다. 이 활동을 통해서 예상을 할 때는 배경지식을 활용하는 것이 중요함을 알게 되고, 배경지식을 언제 어떻게 활용하게 되는지 생각해 보는 계기가 될 것이다.

😊 이 그림은 어떤 내용을 담고 있을지 예상하여 적어 봅시다.

수정이와 수인이는 학교에 갑니다. 오늘은 특별히 엄마가 학교 가는 길을 데려다 주셨습니다. 엄마는 수인이 가방도 들어주셨습니다. 수정이도 수인이도 엄마와 함께 학교를 가서 신이 났습니다.

😊 이렇게 생각한 이유는 무엇인가요?

두 사람이 책가방을 매고 있고 울타리랑 입구가 학교 담벼락과 교문이랑 비슷하게 생겼다.

전체 그림을 보고 예상 수정하기

📋 전체 그림입니다.

Tip 이번에는 전체 그림을 보여 준다. 앞의 활동에서 자신이 예상한 것과 그림의 내용이 같을 수도 있고 다를 수도 있다. 같은 경우에는 학생이 어떤 기억을 떠올리며 예상을 했는지 이야기해 볼 기회를 준다. 다른 경우에는 전체 그림에 맞춰 자신의 예상을 수정할 기회를 준다. 이를 통해서 학생들은 자신의 배경지식을 활용하되, 상황에 맞게 수정하는 것의 중요성을 느끼게 될 것이다.

☺ 달라진 그림을 보고 다시 한 번 글의 내용을 예상해 봅시다.

> 수정이와 수인이는 엄마와 함께 오랜만에 동물원에 놀러 갔습니다. 오랜만의 나들이에 수정이도 수인이도 표정이 밝아 보입니다. 수정이는 동물원에서 먹을 도시락 가방을 들고 있고, 엄마는 돗자리 가방을 들고 있습니다. 수정이와 수인이는 어떤 동물이 있을지 궁금해하고 기대합니다.

☺ 나머지 그림을 보고 예상한 내용이 달라졌나요? 달라졌다면 어떤 점이 달라졌는지 적어 봅시다.

> 학교 가는 길에서 동물원 가는 길로 달라졌다. 그리고 책가방에서 도시락 가방, 돗자리 가방으로 달라졌다.

함께 이야기해 보기

 가족 혹은 친구들이 같은 그림을 보고 예상한 내용이 자신과 비슷했나요? 달랐나요?

달랐어요.

 어떻게 예상했기에 비슷하거나 다른 내용을 생각했을지 적어 봅시다.

나는 처음 그림을 학교에 가는 것이라고 생각했는데 친구들은 학교에서 나오는 것이라고 생각했어요.

> **Tip** 서로 다른 사람들이 서로 다른 배경지식과 경험을 가지면 예상하는 내용이 달라진다. 정확하게 예상할 수도 있지만 다른 예상을 할 수도 있다. 이 활동 중에는 학생들에게 반드시 '정답'을 강조하기보다 각자 다른 예상을 할 수 있음을 알려 준다. 하지만 정확하게 예상하기 위해서는 정확한 정보가 필요하다는 것을 느끼게 해 준다.
> 예상전략이 필요한 이유는 학습에 도움이 되기 때문이라는 것도 상기시켜 준다. 예상을 할 때 배경지식이 활성화되면서 흥미를 유발하고 학습에 대한 동기를 높여 준다. 앞으로 그림을 보거나 책을 읽을 때에 자신의 배경지식과 경험을 가지고 내용을 예상하면서 읽도록 장려한다.

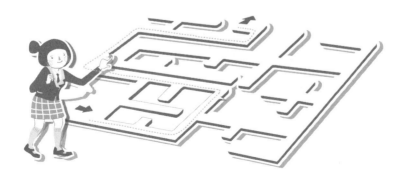

발상의 근원은 상상

☺ 예상하기는 다음에 나올 내용에 초점을 맞추어 생각하는 것입니다. 비슷한 개념인 '상상'에 대하여 알아보겠습니다.

상상(imagination)이란 현재 있는 것이나 없는 것, 또는 지금까지 실제로 경험해 보지 못한 것을 창조적으로 마음속에 그리는 행위다. 상상에서 나온 아이디어만이 발전의 원동력이 되며, 발전은 상상에서 시작되고 행동으로 실현된다.

상상력은 창조의 어머니로, 풍부한 상상력은 창조의 원동력이다. 또 한 시대의 흐름을 읽고 미래를 예측하거나 예견할 수 있는 선견력은 뛰어난 상상력을 가지고 있지 않으면 불가능하다. 이렇게 예측해서 장기적인 비전(vision)으로 설계할 수 있는 선견력과 함께, 보이지 않는 것도 꿰뚫어 볼 수 있는 통찰력 또한 상상력을 필요로 한다.

레오나르도 다빈치가 상상한 것처럼 천장의 얼룩이나 구름의 형태를 보고 자유롭게 이미지를 떠올려 본다거나 전철의 걸이형 광고나 책의 목차를 본 다음 내용을 상상해 보라. 그러고 나서 실제의 내용과 비교해 보면 자신이 가지고 있는 상상력의 수준을 알 수 있다.

책을 읽을 때 중간 중간 빠뜨리고 읽은 다음 빠진 부분을 상상해 보거나, 텔레비전이나 라디오의 스포츠 중계를 보고 다음날 신문에 게재될 헤드라인이나 기사 내용을 상상해 보아도 좋다. 또 잘 모르는 사람을 만나기 전과 만나고 난 후의 상황을 여러 가지로 떠올리며 상상으로 문답해 보라. 처음 가 보려는 장소의 풍경이나 건물 형태, 실내의 분위기도 미리 상상해 보라.

3차시: 반복하기

📖 차시의 특성

반복전략은 정보를 반복적으로 말함으로써 암기하는 데 도움을 주는 전략이다. 반복전략의 구체적인 사용 방법으로 학습하고자 하는 정보를 반복적으로 말하기, 중요한 내용에 밑줄을 긋거나 동그라미를 치며 반복하기, 중요한 내용을 공책에 필기하면서 반복하기, 질문에 답하면서 반복하기 등이 있다.

3차시에서는 학습하고자 하는 정보를 반복적으로 읽어 보는 반복전략을 익히고, 국어 교과에 적용하여 사용하는 예를 제시하고자 한다. 제시된 예문을 여러 번 반복하여 읽을 때 한번 읽을 때보다 많은 정보를 습득할 수 있게 된다는 것을 직접 경험해 봄으로써 반복하기 전략의 유효성을 체험하도록 한다.

학습목표	▪ 반복하기 전략이 무엇인지 말할 수 있다. ▪ 반복하기 전략을 사용하여 학습할 수 있다.
내용	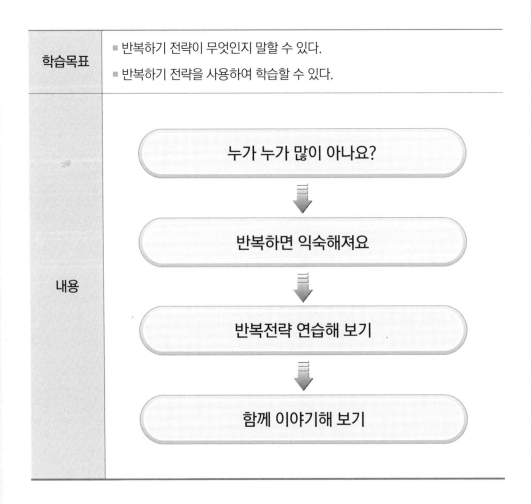

누가 누가 많이 아나요?

Tip 포켓몬스터의 이름들을 외울 때의 즐거운 마음가짐을 떠올리면서 학생이 새로운 정보를 외우기 전에 이미 사용하고 있을 반복하기 전략에 대해 소개한다. 많이 반복할수록 오랫동안 잘 외울 수 있다는 점을 강조해 주고, 어렵고 지루한 내용일지라도 반복하기 전략이 도움이 될 수 있다는 점을 알려 준다.

다음 그림은 만화 영화 포켓몬스터의 캐릭터들입니다.

☺ 아는 캐릭터의 이름을 모두 적어 보세요.

모부기, 토대부기, 파치리스, 글라이온, 펄기아, 아르세우스, 다크라이, 기라티냐, 이
어롤, 브이젤, 리피아, 토게키스, 레지기가스

☺ 포켓몬스터 캐릭터들의 이름을 정말 잘 알고 있네요! 이렇게 다양한 캐릭터의 이
름을 어떻게 외울 수 있었나요?

포켓몬스터 만화 영화를 자주 보고, 카드나 게임으로도 보았기 때문에

반복하면 익숙해져요

3차시:
반복하기

Tip 암호에 해당하는 글자를 찾는 것이 처음에는 매우 어렵고 오래 걸린다. 그렇지만 같은 암호를 푸는 작업을 한두 번 반복해 봄으로써 익숙해지는 것을 직접 체감할 수 있도록 지도하는 활동이다.

📋 다음의 암호 표를 보고 암호를 풀어 봅시다. 각 문제를 푸는 데 걸린 시간을 초시계로 재어 괄호에 적어 보세요.

ㅃ	★	⋈	ଓ	◎	₪	✳✳	℧	■	?	⌘	⊂	⌈	∞
ㄱ	ㄴ	ㄷ	ㄹ	ㅁ	ㅂ	ㅅ	ㅇ	ㅈ	ㅊ	ㅋ	ㅌ	ㅍ	ㅎ

1	2	3	4	5	6	7	8	9	0
ㅏ	ㅑ	ㅓ	ㅕ	ㅗ	ㅛ	ㅜ	ㅠ	ㅡ	ㅣ

😊 ㅃ5℧ ₪7 ㅃ1 ■5∞ ℧1 ℧6.　　　　　　　　　　　　　　(35)초

　　공부가 좋아요.

😊 ㅃ5℧ ₪7 ★9★ ■9ଓ ㅃ3℧73.　　　　　　　　　　　　(31)초

　　공부는 즐거워.

😊 ★5℧ ₪7 ㅃ1 ■5∞ ℧1 ℧6.　　　　　　　　　　　　　(27)초

　　농부가 좋아요.

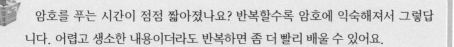

암호를 푸는 시간이 점점 짧아졌나요? 반복할수록 암호에 익숙해져서 그렇답니다. 어렵고 생소한 내용이더라도 반복하면 좀 더 빨리 배울 수 있어요.

Tip 반복해서 여러 번 듣고, 읽고, 말하는 것이 글의 내용 이해에 큰 도움이 된다는 것을 직접 시행해 보며 깨달을 수 있는 활동이다.

지구 온난화에 대한 다음 글을 읽고 물음에 답해 봅시다.

지구 온난화

지구 온난화는 지구 표면 근처의 공기와 바다의 평균 온도가 계속 올라가는 현상입니다. 과학자들은 사람들이 화석 연료를 많이 사용하고 숲을 함부로 파괴하여 지구 온난화가 발생한다고 주장합니다.

지구 온난화가 심해지면 남극과 북극의 빙하가 녹아 해수면이 높아져 섬나라나 해안도시는 물에 잠기게 됩니다. 남태평양의 작은 섬나라 투발루는 바닷물이 차올라 사람들이 살 수 있는 땅이 계속 줄어들고 있습니다.

또, 기후가 변화하면서 폭풍, 홍수, 가뭄과 같은 자연재해로 인한 피해가 심해지고 있습니다. 미국에서는 더욱 강해진 허리케인으로 인하여 큰 피해가 발생하였으며, 중국에서는 장대비로 천여 명이 목숨을 잃기도 하였습니다.

☺ 지구 온난화의 뜻은 무엇인가요?

지구 표면 근처의 공기와 바다의 평균 온도가 계속 올라가는 현상

☻ 지구 온난화의 피해는 무엇인가요?

남극과 북극의 빙하가 녹아 해수면이 높아져 섬나라나 해안도시는 물에 잠기게 됨

바닷물이 차올라 사람들이 살 수 있는 땅이 계속 줄어듦

폭풍, 홍수, 가뭄과 같은 자연재해 - 허리케인, 장대비

📋 문제가 어렵게 느껴지나요? 그렇다면 답을 적기 전에 이야기를 다시 한 번 읽어 보세요.

📋 그래도 여전히 조금은 어렵게 느껴진다면, 친구 또는 선생님, 부모님과 짝을 지어 번갈아 가며 서로에게 읽어 주고 들어 보세요.

3차시:
반복하기

함께 이야기해 보기

📋 이번 시간에 새롭게 알게 된 점이나 느낀 점을 적어 봅시다.

> 한 번 읽을 때보다 여러 번 반복해서 읽으면 글의 내용을 더 잘 파악해서 문제를 잘 풀 수 있다.

반복해서 보고, 읽고, 말하고, 듣으면 나도 모르게 내용에 점점 익숙해집니다. 그러다 보면 배운 내용을 더욱 잘 기억할 수 있습니다.
시험 볼 때도 큰 도움이 되는 전략이겠죠?

30 ❖ 인지전략 기르기

참고자료

교사는 다음의 상황을 학생에게 제시하고, 학생이 반응하도록 합니다.

☺ 전화번호 외우기

> 여러분이 중국집 전화번호를 묻기 위해 친구에게 전화를 걸었습니다. 그런데 전화번호를 받아 적을 수 있는 연필과 종이가 없습니다. 중국집 전화번호를 기억해서 준비된 전화기의 번호를 누르세요. 친구는 중국집 전화번호를 다음과 같이 알려 주었습니다.
>
> 061-326-6239

- 학생이 전화번호를 기억해서 학습지에 있는 전화기에 번호를 누르도록 합니다.
- 교사는 전화번호를 외우기 위해서 학생들이 사용한 방법에 대해 질문합니다.
  (학생 반응: 전화를 걸 때까지 전화번호를 반복해서 소리 내어 말하기)
- 교사는 학생들이 사용한 방법이 반복하기임을 설명합니다.
  ("많은 사람들은 전화를 걸 때까지 전화번호를 반복해서 소리 내어 말합니다. 이것이 반복하기의 대표적인 예입니다.")

☺ 단어 외우기

> 선생님이 말하는 단어들을 연필로 쓰지 않고, 머리로만 기억해서 학습지에 표시해야 합니다. '종이, 비행기, 필통, 기차, 선생님, 버스, 칠판'

- 학생이 단어들을 기억해서 학습지에 있는 표에서 단어를 찾아 표시하도록 합니다.
- 교사는 단어들을 외우기 위해서 학생들이 사용한 방법에 대해 질문합니다.
  (학생 반응: 단어들을 표시할 때까지 단어들을 반복해서 소리 내어 말하기)
- 교사는 학생들이 사용한 방법이 반복하기임을 설명합니다.
  ("많은 사람들은 전화를 걸 때까지 전화번호를 반복해서 소리 내어 말합니다. 이것이 반복하기의 대표적인 예입니다.")

☺ 사용할 수 있는 예를 마인드맵으로 그리기

> 교사는 학생들이 반복하기를 사용할 수 있는 다른 예를 마인드맵을 사용하여 적어 보게 합니다.

- 학생들이 작성한 마인드맵을 발표하게 합니다.
- 교사는 다양한 상황에서 반복하기를 사용할 수 있음을 강조합니다.

4차시: 요약하기 1

🔍 차시의 특성

4차시는 학생이 글의 핵심어를 찾아서 요약할 수 있게 하는 것이 목표다. 요약하기의 배경이 되는 것은 정교화 전략이다. 정교화 전략은 학생이 학습한 내용과 자신의 선행 지식을 연결시키는 것을 돕는다. 정교화 전략의 구체적인 방법에는 기억술 사용하기, 심상전략, 자신의 말로 바꿔 표현하기, 요약하기, 유추관계 만들기, 질문 생성하여 답하기 등이 포함된다. 이와 같이 다양한 정교화 전략 중에서 요약하기는 정보를 효과적으로 받아들이고 기억을 잘하기 위해서 매우 중요한 전략이다.

요약하기란 각 문단(단락)에서 핵심어를 알아내도록 돕는 전략이다. 글의 내용을 전반적으로 이끌어 가는 것이 핵심어다. 글의 내용을 전반적으로 이끌어 가지 않는다면, 아무리 흥미롭다고 해도 핵심어가 될 수 없다. 핵심어는 글의 내용을 전반적으로 이끌어 나가므로 '전체를 대표하는 내용'이고 '가장 중요한 내용'이다. 요약을 하기 위해서는 먼저 핵심어를 발견해야 한다. 핵심어를 발견하는 과정은 ① 글을 읽고, ② 글을 읽으면서 중요한 단어에 동그라미를 그리며, ③ 글을 읽고 필요 없는 내용은 지우고, ④ 예시도 지우며, ⑤ 자꾸 반복되는 내용을 지운 뒤, ⑥ 남은 내용을 가지고 중심생각을 만드는 과정이다.

이 차시에서는 먼저 핵심어를 파악하고 이에 표시를 하는 ① 글을 읽고, ② 중요한 단어에 동그라미를 그리는 과정을 다루고자 한다. 또한 ③ 글을 읽고 필요 없는 내용은 지우고, ④ 예시도 지우며, ⑤ 자꾸 반복되는 내용을 지운 뒤, ⑥ 남은 내용을 가지고 중심생각을 만드는 과정에 해당되는 내용은 다음 차시에서 다루게 될 것이다.

학습목표	■ 글의 핵심어를 파악하고 선택할 수 있다. ■ 글에서 중요한 문장을 찾아 요약문을 만들 수 있다.
내용	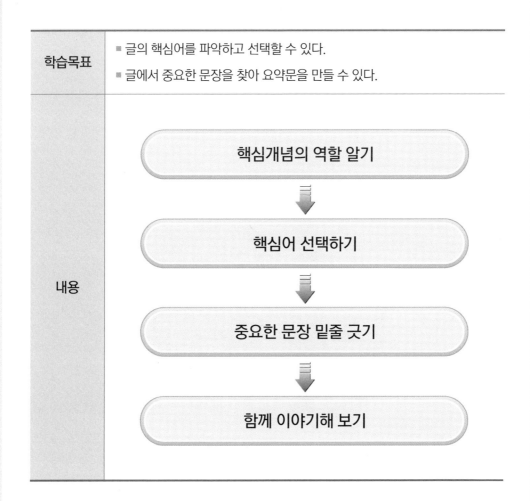

핵심개념의 역할 알기

↓

핵심어 선택하기

↓

중요한 문장 밑줄 긋기

↓

함께 이야기해 보기

핵심개념의 역할 알기

 다음 문장을 읽고, 그림에서 핵심이 되는 부분에 동그라미를 그려 봅시다.

수빈이는 엄마, 아빠 앞에서 오늘 학교에서 배운 노래를 부르고 있습니다.

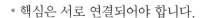 동그라미를 친 부분(핵심)이 위의 문장의 정보를 모두 포함하고 있는지 점검해
봅시다. 그리고 다음의 기준을 읽으며 검토해 봅시다.

- 핵심은 서로 연결되어야 합니다.
- 핵심은 연결된 정보를 통합할 수 있어야 합니다.
- 핵심으로 통합된 정보로 전체를 요약할 수 있습니다.

핵심어 선택하기

📋 다음의 이야기를 읽고 핵심어를 찾아 동그라미를 그려 봅시다.

여러분은 유명한 MC 유재석 아저씨에 대해서 잘 알고 있지요? 유재석 아저씨는 1991년 KBS 대학개그제에서 장려상을 수상하면서 데뷔했습니다. 그러나 〈쇼 비디오자키〉에 보조 출연을 하는 등 오랫동안 이름이 알려지지 않은 채 어렵게 생활했습니다. 그러나 그는 포기하지 않았습니다. 대한민국 최고의 MC가 되겠다는 목표를 가지고 계속해서 도전하였습니다. 그래서 2000년대 초반부터는 인기가 많아져서 지금은 대한민국 최고의 MC로 손꼽히고 있습니다. 이렇게 유재석 아저씨를 통해 자신이 세운 목표에 대해 끊임없이 노력하는 것의 중요성을 배울 수 있습니다.

Tip 학생이 글을 읽을 때, 무슨 말을 하는지 핵심어를 파악하려고 노력하면서 읽는 것이 습관이 되도록 한다. 핵심어가 되기 위한 원칙인 제일 중요한 내용을 담고 있는지의 여부와 글의 전체 내용을 포함하느냐의 여부를 상기시켜 준다. 반복하여 알려 줌으로써 핵심어에 대한 개념을 확실히 알게 하고 실제로도 핵심어를 찾도록 해 준다.

📋 내가 찾은 핵심어는 무엇인지 적어 봅시다.

유재석 아저씨, 대한민국 최고의 MC, 목표, 도전, 노력

📋 핵심어만 보아도 윗글의 내용이 떠오르나요?

네

📋 핵심어를 모아서 한 문장으로 적어 봅시다.

유재석 아저씨는 대한민국 최고의 MC가 되겠다는 목표를 가지고 도전하고 노력하여

결국 목표를 이루었습니다.

📋 여러분이 방금 한 활동은 핵심어로 글을 요약하는 활동입니다. 이 활동의 좋은
점은 무엇일까요?

핵심어만 보아도 대충 무슨 내용인지 알 수 있어요.

중요한 문장 밑줄 긋기

📋 다음 글을 읽고 가장 중요한 문장을 찾아 밑줄을 그어 봅시다.

두꺼비와 개구리가 논두렁길을 가고 있었습니다. 개구리가 엉금엉금 걸어가는 두꺼비를 향해 "그렇게 느리게 기어서 언제 양지 바른 언덕에 도착하니?"라고 말했습니다. 두꺼비는 숨을 가쁘게 쉬는 개구리를 향해 대꾸했습니다. "그렇게 빨리 가서 뭐 하려고?"

개구리가 대답했습니다. "그냥 빨리빨리 가는 거야. 가서 시간이 남아서 누워 있으면 얼마나 좋아."

두꺼비가 주변을 둘러보며 말했습니다. "이렇게 천천히 가는 것도 좋아. 이슬방울도 들여다보고 풀꽃하고도 대화하면서……."

개구리는 답답해서 펄쩍펄쩍 뛰어가 버렸습니다. 나중에 두꺼비는 도랑을 건너다가 개구리 시체를 보았습니다. 자세히 살펴보니 그것은 경운기에 치여 죽은 먼저 간 개구리였습니다. <u>무작정 빨리빨리 앞서 가는 것보다 천천히 즐기며 가는 것이 좋을 때가 있답니다.</u>

📋 가장 중요한 문장이라고 생각한 이유에 대해서 적어 봅시다.

개구리는 너무 빨리 가려고 하다가 죽었기 때문에 차라리 천천히 가는 게 낫다.

📋 밑줄 친 문장을 보면 글 전체의 내용이 떠오르나요?

구체적인 내용은 생각이 안 나도 무슨 말을 하려고 하는지는 알 수 있어요.

중요한 문장에 밑줄을 그을 때는 그 부분이 글 전체에서 말하고자 하는 내용을 담고 있어야 합니다.

함께 이야기해 보기

📋 이번 시간을 통해서 새롭게 알게 된 것이나 느낀 점은 무엇인가요?

> 핵심어는 글에서 제일 중요한 내용을 담고 있다는 것을 알았어요.
> 그리고 전체를 대표하는 내용을 담고 있다는 것도 알게 되었어요.

정보를 효과적으로 받아들이기 위해서, 그리고 기억을 잘하기 위해서 요약하는 훈련은 대단히 중요합니다. 오늘은 핵심어를 찾고, 중심문장에 밑줄을 긋는 연습을 해 보았습니다. 이 밖에도 요약하기 위해서 어떤 것들을 할 수 있을지 생각해 봅시다.

글의 핵심, 중심생각 알기

기차를 생각해 봅시다. 기차는 여러 개의 칸으로 구성되어 있습니다. 사람들이 앉는 좌석 칸이 있고, 식당 칸이 있고, 짐을 싣는 화물칸이 있고, 기관사가 타는 운전 칸이 있습니다. 이러한 칸들은 각자의 특성이 있고, 각자의 흥밋거리를 가지고 있습니다. 어떤 사람은 식당 칸을 더 좋아하고, 어떤 사람은 좌석 칸을 더 좋아합니다. 그런데, 이 중에서 기차가 어디로 갈지 이끄는 칸은 바로 기관사가 타는 운전 칸입니다. 어떤 사람이 식당 칸을 더 좋아한다고 해서 식당 칸이 기차를 이끌도록 할 수는 없습니다. 또 어떤 사람이 좌석 칸을 더 좋아한다고 해서 좌석 칸이 기차를 이끌도록 할 수는 없습니다. 중심생각은 바로 기관사가 타는 운전 칸과 같습니다. 글의 내용을 전반적으로 이끌어 가는 것이 중심생각입니다. 글의 내용을 전반적으로 이끌어 가지 않는다면, 나한테 흥미롭다고 해서 그것이 중심생각이 될 수 없습니다. 또한 글의 내용을 전반적으로 이끌어 가지 않는다면, 아무리 긴 문장이라고 하여도 중심생각이 될 수 없습니다. 중심생각은 글의 내용을 전반적으로 이끌어 나가는 기차의 운전 칸과 같아야 합니다. 그러니까 중심생각은 '전체를 대표하는 내용'이고 '가장 중요한 내용'입니다.

※ 부평동초등학교 백경식 선생님께서 학생들에게 중심생각을 설명한 예입니다.

5차시: 요약하기 2

차시의 특성

긴 글을 접하게 되면 학생은 먼저 어렵고 막막하다는 느낌을 받는다. 학생이 그 시점을 잘 견디고 글을 찬찬히 읽기 시작하여 글의 핵심 내용을 추려 낼 수 있다면 필요한 학습을 하는 데 큰 도움이 될 것이다. 요약하기 전략은 궁극적으로는 글의 중심 내용을 파악하여 자신이 읽은 것을 자신의 말로 정리해 내는 것이지만, 그렇게 하기까지의 과정을 좀 더 세분화시켜 하위 전략들을 하나하나 볼 필요가 있다. 앞서 4차시에서는 글을 읽고 핵심어를 찾는 과정을 다루었다. 5차시에서는 나머지 단계인 ③ 글을 읽고 필요 없는 내용은 지우고, ④ 예시도 지 우며, ⑤ 자꾸 반복되는 내용을 지운 뒤, ⑥ 남은 내용을 가지고 중심생각을 만드는 과정을 훈련시킨다. 이런 과정을 통해 학생은 처음 느꼈던 막막함을 이겨 내고 자신이 학습 내용을 감당할 수 있을 거라는 자신감을 얻게 될 것이다.

이 차시는 학생이 글의 불필요한 내용을 지워서 남은 내용을 갖고 글의 중심생각을 요약할 수 있게 하는 것이 목표다. 학생이 요약의 중요성을 직접 느낄 수 있도록 몇 가지 예시를 제 시하였다. 특히 글로 제시되는 수학 문제는 요약하기 전략을 통해 핵심 내용만 추려서 볼 수 있는 능력이 요구된다.

학습목표	■ 글의 내용에서 불필요한 부분을 제외할 수 있다.
	■ 핵심 내용을 추려 내어 글을 간략하게 요약할 수 있다.

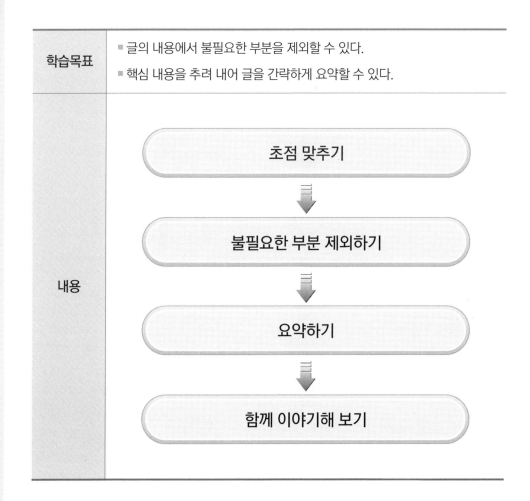

초점 맞추기

📋 다음 그림을 보고 함께 색종이로 비행기를 접어 봅시다. 아이가 접는 대로 따라 해 보세요.

☺ 어때요? 잘 따라 할 수 있었나요?

이번에는 다음 그림을 한번 보세요. 무엇이 달라졌나요?

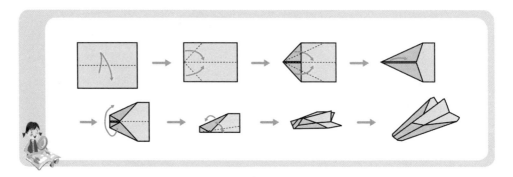

달라진 점: 아래의 그림은 과제에 꼭 필요한 정보만 주었다.

☺ 불필요한 정보는 제외하고 꼭 필요한 내용만 보니 어떤가요?

정확하게 잘 따라 할 수 있었어요.

비행기 접는 것이 훨씬 쉬워졌어요.

불필요한 부분 제외하기

📋 다음은 수학 문제입니다. 이 수학 문제를 푸는 데 불필요한 문장에 줄을 그어 지워 보세요.

날씨가 참 좋은 어느 날, 나와 형은 밖에 나가서 자전거를 탔다. 실컷 놀다 보니 배가 고파졌다. 우리는 각자의 주머니를 뒤져서 가지고 있는 돈을 모았다. 나는 1,000원을 가지고 있었고, 형은 2,000원을 가지고 있었다. 마침 길 건너에 편의점이 보였다. 급히 달려가서 빵과 우유를 샀더니 총 2,400원이 계산되었다. 거스름돈을 받고 나가서 놀이터 벤치에 앉아 빵과 우유를 맛있게 먹었다.

자, 그럼 편의점에서 받은 거스름돈은 얼마였을까?

📋 불필요한 부분을 제외시키고 남은 부분을 다시 읽어 보세요. 수학 문제를 푸는 데 도움이 되었나요?

네, 꼭 필요한 부분만 있어서 간단하게 수학 문제를 풀 수 있었어요.

📋 다음의 읽기 교과서 지문을 읽어 봅시다. 중요한 단어에 동그라미를 치고 불필요한 부분을 제외시킨 후, 지문을 한두 문장으로 요약해 보세요.

> (마라톤 경기)는 (마라톤 전쟁)에서 비롯되었다고 한다. 키원전 490년, 페르시아가 그리스의 아테네를 침공하였는데, 위급해진 아테네는 스파르타에 구원병을 요청하기로 했다. 전령이었던 '피디피데스'가 스파르타로 달려갔으며, 스파르타는 구원 요청을 거절하였다. 아테네는 어쩔 수 없이 적은 수의 군인으로 페르시아군을 아테네에서 40킬로미터 떨어진 마라톤 평원에서 맞게 되었다. 여러 가지 상황으로 볼 때, 분명히 패배할 것으로 생각되었던 아테네 군이었지만, 모든 병사가 목숨을 걸고 싸운 끝에 페르시아군을 무찔렀다. 전쟁에 이긴 소식을 아테네에 알리기 위하여 발 빠른 사람이 필요하였는데, 스파르타에 갔던 피디피데스가 다시 전령으로 뽑혔다. 그는 (마라톤 평원)에서 아테네까지 (약 40여 킬로미터를 쉬지 않고 달려) 아테네군의 승리를 알리고는 탈진한 나머지 그만 그 자리에서 숨을 거두었다. 이러한 이야기에서 마라톤 경기가 유래하였다.

☺ 소리 내어 글을 읽어 봅시다.

☺ 중요한 단어에 동그라미를 쳐 봅시다.

☺ 필요 없는 내용에 줄을 그어 지웁니다.

☺ 남은 내용을 정리하여 중심생각을 만들어 봅시다.

마라톤 경기는 옛날 아테네가 마라톤 평원에서 치른 전쟁을 이긴 후 승리를 알리기 위해 한 전령이 약 40여 킬로미터를 쉬지 않고 달렸다는 이야기에서 유래하였다.

함께 이야기해 보기

📋 긴 읽기 지문이나 수학 문제를 만났을 때 제일 먼저 드는 생각이나 느낌은 무엇
인가요?

> 풀기 어려울 것 같아요.
> 막막해서 선뜻 시작하기가 어려워요.
> 읽기 싫고 귀찮아요.

📋 차근차근 읽어 보며 불필요한 내용을 먼저 제외시킨 후, 남은 부분을 다시 한 번
읽어 보았을 때는 어땠나요?

> 중요한 내용만 보니 생각보다 문제가 간단했어요.
> 쉽게 풀었어요.

참고자료

☺ 요약하기는 읽기 지문에만 적용되는 것이 아니라 교실에서 이루어지는 수업에도 쓰일 수 있어요. 오늘 수업 때 배운 내용을 요약해서 다음 그림에 정리해 두세요. 다시 한 번 적어 보면서 더욱 각인시킬 수 있고, 또 나중에 이 정리된 내용을 보면서 오늘 수업을 좀 더 쉽게 떠올릴 수 있답니다.

■ 하트 안에는 오늘 수업에서 배운 내용 중 가장 좋았던 내용을 적어 보세요.
■ 네모 안에는 오늘 수업에서 배운 내용 중 가장 중요한 개념들을 적어 보세요.
■ 세모 안에는 오늘 수업에서 배운 내용 중 가장 중요한 정보를 적어 보세요.
■ 동그라미 안에는 중요한 개념과 정보들을 한두 개의 문장으로 요약해 적어 보세요.

6차시: 표로 나타내기

🔍 차시의 특성

역사상 가장 위대한 천재 레오나르도 다빈치는 화가였을 뿐만 아니라 지질학, 수학, 해부학, 광학, 항공학 등의 다양한 분야에서 뛰어난 능력을 발휘하였다. 다빈치가 이렇게 놀라운 업적을 이룬 것은 그의 독특한 사고법 덕택이었다고 한다. 바로 스케치와 낙서, 비행기 설계도와 요리법, 심지어 농담에 이르기까지를 여러 가지 기호나 그림을 자유롭게 확장해 가는 방식으로 아이디어를 메모하였다. 다빈치뿐만 아니라 아이슈타인, 피카소, 에디슨 같은 천재들도 이러한 방법으로 기록한 수많은 메모로 정리하였다.

한편, 영국의 교육 심리학자이자 멘사 회원인 토니 부잔(Tony Buzan)은 다빈치의 메모에서 영감을 얻어 마인드맵을 개발하였다. 이로써 베일에 가려졌던 천재들의 사고법이 세상에 널리 알려지게 되었고, 종이 한 장과 연필 한 자루만 있으면 누구나 쉽고 간단하게 자신의 생각이나 내용을 간결하게 정리하는 것을 우리도 배울 수가 있게 된 것이다.

6차시에는 자신이 배운 내용이나 생각들을 잘 정리하도록 간략하게 나타낼 수 있는 '표 만들기'를 소개한다. 이번 차시에서는 마인드맵과 유사한 방법인 '표 만들기'를 통해 우리가 배운 내용을 간단하게 정리·요약하여 기억하기 쉽게 저장하도록 하는 학습전략을 배워 본다. 표 만들기를 통해 내용을 체계적으로 정리함으로써 자신의 생각을 체계화하고 이해하고 기억하는 데 편리하게 활용할 수 있다. 이를 위해 다양한 표를 통해 내용을 정리하는 것을 알아보자.

학습목표	■ 공부한 내용을 표로 정리할 수 있다. ■ 세 가지 표 만들기 방법을 사용할 수 있다.
내용	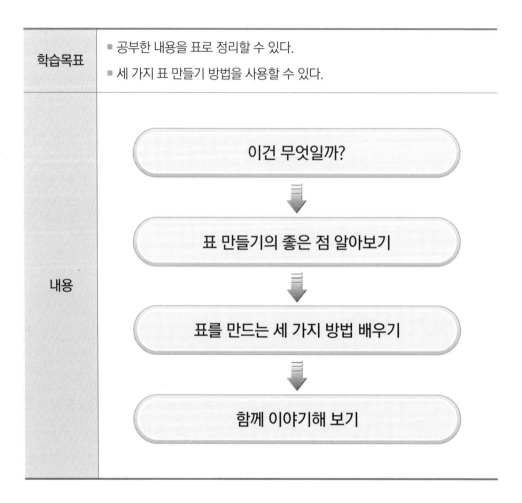

이건 무엇일까?

📋 다음 글자들을 보고 물음에 답하여 봅시다.

포 도	상 어	수 학
국 어	개	사 과
기 린	과 학	참 외

☺ 위 글자들 중에서 과일인 것을 골라 써 보세요.

포도, 사과, 참외

☺ 위 글자들 중에서 동물인 것을 골라 써 보세요.

개, 기린, 상어

☺ 위 글자들 중에서 교과목인 것을 골라 써 보세요.

국어, 수학, 과학

☺ 위 글자들은 각각 무엇을 나타내는 단어들인가요?

과일, 동물, 과목에 대한 단어입니다.

📋 마구 흩어져 있는 단어들을 다음과 같이 정해진 표에 간단하게 정리하면 보기에
도 편리하고 이해하기도 쉬워집니다!

과일	동물	교과목
포도	개	국어
사과	기린	수학
참외	상어	과학

표 만들기의 좋은 점 알아보기

📋 다음 글 '미선이의 복습'을 읽고 물음에 답해 봅시다.

미선이의 복습

미선이는 학교에서 돌아와 오늘 배운 내용을 복습하고 있습니다. 국어 시간에 배운 이야기는 재미있기는 했지만 단어가 어려웠습니다. 수학 시간에 배운 네 자릿수의 덧셈과 뺄셈은 이해가 쉽게 되기는 했지만, 자릿값이 많아서 연습을 많이 해야 합니다.

과학 시간에는 여러 가지 구름에 대해 배울 수 있어서 신기했지만, 구름의 종류가 왜 달라지는지 궁금하기도 하였습니다. 사회 시간에 배운 고장의 기관과 단체들은 너무 많아서 외우기 어려웠습니다.

☺ 미선이가 집에 와서 복습하고 있는 과목은 무엇인가요?

국어, 수학, 과학, 사회

☺ 미선이가 궁금해하고 있는 내용은 무엇인가요?

국어 - 단어, 수학 - 자릿값, 과학 - 구름의 종류가 왜 달라지는지, 사회 - 고장의 기관과

단체의 종류

📋 '미선이의 복습' 내용을 확인하여 친구나 선생님과 이야기를 나눠 봅시다.

☺ 모든 내용을 잘 정리하고 외울 수 있나요?

모든 것을 외우는 것은 조금 어렵다.

☺ 공부한 내용을 잘 파악하고 이해하기 위해 어떤 방법을 사용하면 좋을지 이야기해 봅시다.

많은 내용을 간단하게 정리해 본다. 표를 이용해 정리하면 좋을 것 같다.

📋 '미선이의 복습'을 표로 만들어 봅시다.

과 목	배운 내용	어려운 점, 궁금한 점
국 어	이야기	단어
수 학	덧셈과 뺄셈	자릿값
과 학	여러 가지 구름	구름이 왜 다른지
사 회	고장의 기관과 단체	여러 기관과 단체

☺ 표로 만든 내용을 보고 '미선이의 복습'에 대해 정리하여 이야기해 봅시다.

☺ 외운 내용을 말로 해 보도록 합시다.

정리된 표를 확인하니까 한눈에 내용이 들어오고 훨씬 쉽게 이해할 수 있다.

☺ 그냥 내용을 읽고 이해하는 것과 표로 정리했을 때 어떤 차이가 있는지 말해 봅시다.

복잡한 내용을 간단한 표로 만들어 공부하게 되면 이해하기 쉽습니다. 만약 외울 내용인 경우에는 기억하기가 훨씬 쉽다는 것을 알 수 있습니다. 이처럼 글로 풀어 낸 내용을 간단한 표로 정리하면 공부할 내용을 요약하여 쉽게 알 수 있고 기억하는 데도 큰 도움을 얻을 수 있습니다.

표를 만드는 세 가지 방법 배우기

📋 다음의 글을 읽고, 물음에 답하여 보세요.

표 만들기

표 만들기는 어려운 내용을 쉽게 알아내는 데 도움을 주는 방법입니다. 공부를 하다 보면 쉽게 이해하기 어렵거나 내용이 너무 많다고 느껴지는 것들이 있기 마련입니다. 이럴 때는 모든 내용을 다 공부하려고 하기보다는 그 내용을 간단하게 표로 만들어 보면 공부하기가 훨씬 편해집니다.

표 만들기에는 크게 세 가지 방법이 있습니다.

첫째, 나무형 표 만들기입니다. 나무형 표 만들기는 나무처럼 가지가 뻗어 나가는 모양입니다.

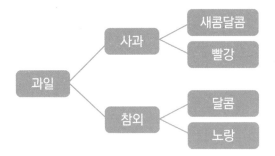

우리가 좋아하는 과일 중 사과와 참외가 있습니다. 사과는 새콤달콤한 맛이고 빨강색입니다. 참외는 달콤한 맛이고 노란색입니다.

둘째, 기차형 표 만들기입니다. 기차형 표는 기차처럼 순서대로 이어지는 모양입니다. 다음은 무엇을 하는 순서를 나타낸 것일까요?

정답은 라면 끓이는 방법입니다. 기차형 표는 일의 순서를 외울 때 편리한 방법입니다.

셋째, 목록형 표 만들기입니다. 목록형 표는 큰 주제 아래 속하는 내용들을 정리한 표입니다.

사과의 특징을 나누어서 목록으로 만든 표입니다. 한눈에 사과의 특징을 볼 수 있어 쉽게 머릿속에 넣을 수 있습니다.

이렇게 표를 만들어 보게 되면 공부한 내용을 훨씬 쉽게 정리하고 기억할 수 있습니다.

☺ 표를 만들면 좋은 점은 무엇인가요?

한눈에 파악되고 이해하기가 쉽다. 시각적으로 기억에 잘 남는다.

☺ 앞의 두 가지 표 내용을 외워 보고 다시 써 보도록 합시다.

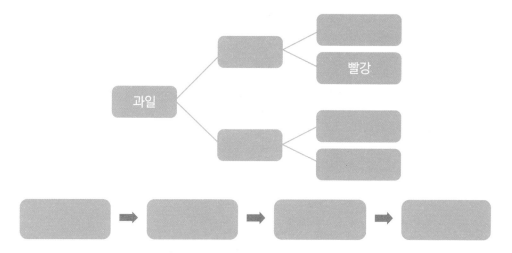

함께 이야기해 보기

최근에 공부한 내용을 한 가지 골라서 표로 만들어 본 후 외워 보도록 합시다.

도서 종류별로 표 활용하여 정리하기

• 감동적인 동화 한 편을 선정하여 읽습니다.

• 그 내용을 표를 사용하여 정리해 봅시다.

• 책 제목:

	쪽	이유
감동적인 부분		
슬픈 부분		
속상한 부분		

• 역사 이야기 한 편을 선정하여 읽습니다.

• 그 내용을 표를 사용하여 정리해 봅시다.

• 책 제목:

	내용
주인공 이름	
태어난 해	
잘한 일	
실수한 일	
배우고 싶은 점	

7차시: 이야기 만들기

차시의 특성

  7차시는 6차시의 표 만들기를 내용으로 다시 풀어 쓰는 '이야기 만들기'다. 6차시에서 위대한 천재 레오나르도 다빈치가 다양한 분야에서 뛰어난 능력을 발휘할 수 있었던 것은 자신의 사고를 스케치와 낙서, 비행기 설계도와 요리법, 심지어 농담에 이르기까지를 여러 가지 기호와 표를 이용해 자유롭게 확장해 가는 방식으로 메모하였기 때문이라고 소개했다. 하지만 만약 그 메모나 아이디어를 단지 간단히만 적어 두고 내버려 두었다면 그 위대한 창작이나 발명은 탄생하지 않았을 것이다. 즉, 자신의 번쩍이는 아이디어를 메모한 내용이나 생각을 정교하게 글로 다시 풀어 잘 정리하는 일이 꼭 필요하다. 내용을 간략한 구조나 표 혹은 마인드맵을 이용해 자신의 이야기로 다시 전개하거나 글로 써 내려가는 과정은 내용을 자기 것으로 소화할 수 있기 때문에 학습에서 중요한 전략 중의 하나다.

  한 주제에 대한 내용을 간단히 정리한 마인드맵이나 간략한 표를 다시 구체적으로 잘 정리하여 서론, 본론, 결론의 글로 쓰는 연습을 통해 이야기(내용) 만들기 전략을 활용해 보자.

  이렇게 글로 써서 자신의 생각을 명료하게 정리할 수 있고 타당한 이유나 근거 혹은 목적 등을 살필 수 있다. 이야기로 적은 내용은 나만의 이야기이기 때문에 오래 기억할 수 있으며 상상력을 훈련할 수 있다. 이러한 연습을 통해, 미래의 동화나 소설을 쓰는 작가가 남의 얘기만은 아닐 수 있다. 이 차시는 6차시에서 이미 표로 정리해 보았던 '라면 끓이기' '과일의 종류와 특징' 등을 스스로 써 보고 느낀 점은 무엇인지 나누어 보는 활동으로 구성되어 있다.

학습목표	■ 표로 정리한 내용을 이야기로 만들면 좋은 점을 말할 수 있다.
	■ 표로 정리한 내용을 이야기로 정리할 수 있다.

내용	이야기로 풀어 봅시다
	↓
	이야기로 만들면 좋은 점 알아보기
	↓
	표를 이야기로 바꿔 보기
	↓
	함께 이야기해 보기

7차시:
이야기 만들기

이야기로 풀어 봅시다

📋 다음의 표를 이야기로 풀어 봅시다.

| 물 끓이기 | ➡ | 스프 넣기 | ➡ | 라면 넣기 | ➡ | 계란 넣기 |

😊 제목을 정해 봅시다.

먼저 물을 끓이고 스프와 라면을 넣어 마지막에 계란을 넣고 맛있게 냠냠~!

😊 표 내용을 이야기로 정리해 봅시다.

제목: 라면 끓이기

라면을 끓일 때에는 먼저 적당한 양의 물을 냄비에 담아서 끓이기 시작합니다. 물이 팔팔 끓으면 스프와 라면을 넣습니다. 한 2분 정도 더 익힌 다음 마지막에 계란을 넣고 파를 송송 썰어 넣으면 맛있는 라면을 먹을 수 있습니다.

😊 정리된 이야기를 읽어 보도록 합시다.

📋 표의 내용을 이야기로 정리하면 어떤 점이 좋은지 말해 봅시다.

표로 간단하게 정리된 내용을 풍부하게 이해할 수 있다.

58 ❖ 인지전략 기르기

이야기로 만들면 좋은 점 알아보기

📋 다음의 글을 읽어 봅시다.

> 표의 내용을 이야기로 만들면 어떤 점이 좋을까요?
> 먼저, 이야기로 만들면 표로 봤을 때의 딱딱하고 지루한 느낌을 없애고 재미있는 이야기로 만들 수 있습니다. 재미있게 이야기를 만들어서 친구들에게 이야기해 주다 보면 나도 모르게 내용을 알게 됩니다.
> 다음으로, 표의 내용을 이야기로 바꾸다 보면 내가 알고 있는 내용과 모르고 있는 내용을 정확하게 알 수 있는 장점이 있습니다. 표로 만들어진 내용을 바꾸면서 궁금한 내용을 정리해 나중에 찾아보면서 나의 지식을 늘릴 수 있게 됩니다.
> 표로 만들어진 내용을 이야기로 바꿔 보는 작업은 처음에는 어렵게 느껴질 수 있습니다. 해 보지 않았기 때문입니다. 하지만 반복해서 하다 보면 나의 지식이 늘어나고 기억력이 좋아진다는 것을 알 수 있게 됩니다.

😊 표의 내용을 이야기로 바꾸면 어떤 점이 좋을까요?

내용을 자기만의 언어나 표현으로 자세하게 정리할 수 있습니다.

😊 이야기로 바꿀 때 어떤 점이 어려울까요?

글을 쓰는 게 두렵습니다. 맞는지 혹은 틀렸는지부터 생각하게 됩니다. (하지만 이야기를 쓸 때는 주제에서 벗어나지 않으면 됩니다. 정답은 없으니 자신의 말과 표현으로 쓰는 것이 중요합니다.)

> 공부는 그렇게 즐거운 일은 아닙니다. 익숙해질 때까지는 지겹게 반복하는 과정이 들어갑니다. 힘든 것이 당연합니다. 힘든 일을 할수록 공부 실력이 팍팍 늘어나니까요! 힘들 때는 그저 "아! 열심히 공부하려니까 내가 힘들구나." 하면서 나에게 말해 주면 새로운 힘이 생기게 됩니다.

표를 이야기로 바꿔 보기

📋 다음은 구름의 종류를 나타낸 표입니다. 표를 보고 물음에 답해 봅시다.

뭉게구름	소나기구름	양떼구름	새털구름
여름, 초가을에 발생함	소나기와 우박과 함께 번개, 천둥이 치기도 함	높쌘구름이라고 함	주로 가을에 발생함

😊 뭉게구름은 주로 언제 발생하는 구름인가요?

여름, 초가을에

😊 양떼구름의 다른 이름은 무엇인가요?

높쌘구름

😊 소나기구름이 있을 때 나타나기도 하는 것은 무엇인가요?

소나기, 우박, 번개, 천둥

😊 사진과 짧은 글로 정리된 구름의 종류를 보고 나서 자신의 생각을 이야기해 봅시다.

구름의 종류를 나타낸 표를 이야기 글로 만들어 봅시다.

구름의 종류

구름의 종류에는 크게 뭉게구름, 소나기구름, 양떼구름, 새털구름이 있습니다.

뭉게구름은 하얀 솜사탕처럼 뭉게뭉게 뭉쳐 있는 구름을 말합니다. 햇빛을 받은 부분은 흰색이고, 그늘진 부분은 회색입니다. 뭉게구름은 여름이나 초가을의 맑은 날에 볼 수 있습니다.

소나기구름은 비가 올 때 자주 볼 수 있는 구름으로, 소나기가 우박과 함께 오기도 합니다. 때로는 번개와 천둥이 함께 치기도 해서 무섭기도 합니다.

양떼구름은 양이 떼 지어 가는 모양의 구름으로, 여러 마리의 양이 모여 있는 모습을 하고 있습니다. 다른 이름으로 높쌘구름이라고도 합니다.

새털구름은 새의 깃털처럼 생겨서 새털구름이라고 합니다. 하늘에 큰 새가 깃털을 떨어뜨린 모습입니다. 새털구름도 뭉게구름처럼 가을에 볼 수 있습니다.

7차시:
이야기 만들기

함께 이야기해 보기

📋 표의 내용을 이야기로 만들면 좋은 점을 적어 봅시다.

재미있는 이야기를 만들 수 있어요.

상상력이 풍성해져요.

오래 기억할 수 있어요.

나만의 이야기로 만들 수 있어요.

참고자료

☺ 문장 완성하기

　문장 완성하기는 문장의 앞이나 뒤의 빈칸을 완성하는 방법으로, 학생의 상상력과 문장력을 키우는 방법이 되면서 동시에 학생들이 잘 인식하지 못하는 심리적인 모습을 발견하는 도구로 활용되기도 한다. 학습문제를 겪는 대부분의 학생들은 정서적·인지적인 부분에서 문제를 겪기 때문에 문장 완성하기 작업을 통해서 자연스럽게 학생들의 마음속 이야기를 이끌어 낼 수 있다. 학생들의 맞춤법 및 사고의 확장과 더불어 자연스러운 상담의 기회를 활용하여 지도하는 교사·상담자와 학생 간의 긍정적 신뢰 관계를 이끌어 내는 데 활용할 수 있다.

☺ 문장 완성하기의 예

1. 우리 엄마께서는 _____.

2. 친구들과 같이 있으면 _____.

3. 혼자 집에 있을 때는 _____.

4. 만약 내가 힘이 세다면 _____.

5. 나는 _____할 때 가장 행복하다.

6. 가장 슬플 때는 _____.

7. 공부는 나에게 _____이다.

8. 공부를 잘하려면 _____.

8차시: 질문하기

차시의 특성

질문하기는 매우 중요하다. 질문을 함으로써 상대에 대해 관심을 표현하고 그 행위를 통해 오해나 의문이 해소된다. 또한 질문하기는 상대와의 관계를 더욱 가깝게 하는 표현이 되기도 한다. 질문하기를 통해 일상에서 자신이 알 수 없는 것을 상대방에게 직접 확인하고 피드백을 받는다. 질문하기는 자기가 모르거나 이해할 수 없었던 사실, 이해, 개념 등 자신이 알지 못한 어려움을 해결하는 실마리를 제공한다. 따라서 학습에서 '질문하기'는 없어서는 안 될 중요한 핵심적 기술이다.

하지만 많은 학습자들이 질문하기에 두려움을 안고 있다. 질문을 하는 자신이 다른 사람들에 비해 부족하다는 느낌을 받거나 자신의 질문에 대해 부정적인 피드백을 받음으로써, 질문을 통해서 얻을 수 있는 것은 좋은 게 없다는 '자기 방어적' 행동을 취하는 잠재적인 수동적 학습자로 전락할 수 있다.

우리가 살아오면서 기억에 오래 남는 경우가 언제인지 생각해 보면, 실제로 경험한 지식이나 혹은 고민을 하다 그 내용을 잘 아는 사람에게 질문하고 답을 얻은 경우일 것이다. 질문하기를 통해 직접적인 경험과 유사한 경험을 할 수 있으므로 질문하기는 여러 면에서 매우 좋은 학습전략 기술 중 하나다.

'질문하기'는 강력한 학습의 원동력을 얻게 되는 계기가 되므로 학습에서 적극적으로 질문하기 전략을 연습해야 한다. 8차시는 질문하기란 무엇이며, 크게 어떤 것이 있는지, 질문하기의 좋은 점과 어려운 점은 무엇인지 살펴보는 활동으로 구성되어 있다.

학습목표	■ 질문하기가 무엇인지 이야기할 수 있다.
	■ 질문하기의 종류와 특성을 말할 수 있다.

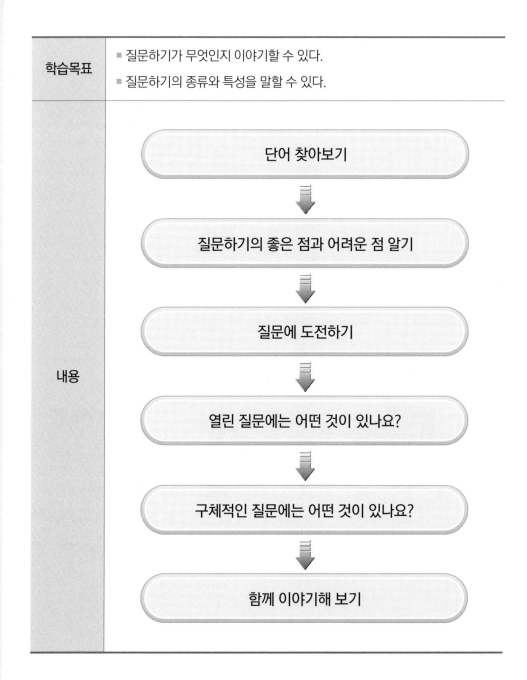

단어 찾아보기

⬇

질문하기의 좋은 점과 어려운 점 알기

⬇

질문에 도전하기

⬇

열린 질문에는 어떤 것이 있나요?

⬇

구체적인 질문에는 어떤 것이 있나요?

⬇

함께 이야기해 보기

| 8차시: 질문하기 | 단어 찾아보기 |

> **Tip** 초등학생일수록 어른이나 또래 친구에게 직접 질문하면 스스로 해결하는 과정에서 도움을 얻기 쉬우며, 질문하기를 통해 시행착오를 줄일 수 있고, 문제를 어떻게 해결하는지 그 과정도 알 수 있다. 길을 헤매고 있다면 지나가는 사람에게 길을 물어보듯이, 학습을 할 때에도 주변 사람에게 지체 없이 물어봐야 한다. 질문에 대한 적절한 답변을 받음으로써 내용을 더욱 정교화할 수 있을 것이다.

📋 다음의 단어를 읽고 물음에 답하여 봅시다.

개념, concept, 概念

☺ 이 세 단어들의 뜻을 알려면 어떤 방법으로 찾아야 할까요?

사전을 통해

인터넷을 통해

질문을 통해

☺ 이 중에서 가장 빠르고 쉽게 알 수 있는 방법은 무엇인가요?

나의 질문에 대해 잘 아는 사람에게 물어보는 것

질문하기의 좋은 점과 어려운 점 알기

📋 질문하기를 하면 어떤 점이 좋나요?

막힌 점을 해결해서 다음 단계로 넘어갈 수 있다.

특히 나에게 약한 부분이 빠른 시간에 해결될 수 있다.

질문을 통해 배우는 내용을 더욱 자세히 정리하고 이해할 수 있어 나중에 질문한 내용

이 기억에 오래 남을 수 있다.

📋 질문하는 것이 어려운 이유는 무엇인가요?

창피해서…

잘 해 보지 않아서…

다른 친구들은 질문을 하지 않아서…

사람은 누구나 모든 것에 대해 알 수 없습니다. 우리가 아는 것과 이해하는 내용은 사람마다 다르고 제한되어 있습니다. 초등학생은 아는 것과 경험한 것이 부족하기 때문에 배우는 과정에 있습니다. 따라서 선생님이나 형, 누나, 친구에게 자신이 모르는 것을 질문하는 것은 당연한 일이며, 내가 성장하는 데 꼭 필요한 것입니다.

질문에 도전하기

Tip 질문하기는 나쁘다, 자기만 모른다, 창피스러운 일이다 등의 부정적인 오해를 해결하기 위해 질문하기가 매우 바람직한 행동이라는 점을 인식시킬 필요가 있다. 이를 위해 자신의 생각을 바꾸도록 '스스로 말하기 연습'을 하면 자신의 부정적 생각을 설득하여 실제로 행동으로 옮기는 연습이 된다.

다음의 내용을 자신에게 스스로 이야기해 보세요.

"질문하는 이유는 모르는 것이 있기 때문이야."

"모르는 것이 있다는 것은 자기가 알 수 있는 기회야."

"질문을 하면 궁금한 점이 해결되고 기억에 오래 남아."

혹, 과거에 질문하다 창피를 당했나요? 질문을 했는데 오히려 꾸중을 들었나요? 그렇게 대답한 사람은 자신이 잘 몰라서 또는 대답할 여유가 없어서 그랬을 수 있습니다. 여러분이 질문한 것 자체가 잘못된 것이 아닙니다.

우리 주위에는 질문에 대해 친절히 답해 주는 사람이 더 많습니다.

8차시:
질문하기

열린 질문에는 어떤 것이 있나요?

Tip 질문하기는 열린 질문, 즉 개방적 질문과 구체적인 답을 얻기 위한 구체적 질문이 있다. 열린 질문은 보다 창의적이며 정답이 있지 않은 질문이다. 열린 질문은 '브레인스토밍'으로 회의를 할 때, 또는 자유로운 의사를 말하여 다양한 의견 속에서 좋은 아이디어나 큰 개념을 도출할 때 적합한 질문이다. 반면에 구체적인 질문은 명확한 내용이나 답이 정해져 있는 경우에 활용할 수 있다.

📋 다음 글을 읽고, 열린 질문에 대해 알아봅시다.

다음 주 수요일에는 3학년 현장 학습이 있습니다. 우리가 현장 학습을 가는 목적은 교과서에서 배운 내용을 현장에서 실제로 체험하고 확인하기 위함입니다. 이날 어떤 태도로 현장 학습에 임해야 할까요? 진지하게 배우는 자세로 질서를 지키고, 안전에 주의하며, 선생님의 지시를 잘 따라야 할 것입니다. 자기 마음대로 행동을 해서 사고가 발생하는 일은 절대 일어나서는 안 될 것입니다.

😊 위 글에서 제시된 열린 질문에는 어떤 것이 있나요?

이날 어떤 태도로 현장 학습에 임해야 할까요?

😊 열린 질문은 전체적인 내용이나 하나로 정답이 정해져 있지 않은 내용, 범위가 매우 넓은 내용에 대해 묻고 싶을 때 사용할 수 있어요. 열린 질문을 한 번 써 보세요.

현장 학습이란 무엇인가?

왜 현장 학습을 가야 하나?

현장 학습을 가는 목적이 무엇일까요?

구체적인 질문에는 어떤 것이 있나요?

📋 본문을 읽고 답해 보세요.

> 다음 주에는 3학년 현장 학습이 있습니다. 우리가 현장 학습을 가는 목적은 교과서에서 배운 내용을 현장에서 실제로 체험하고 확인하기 위함입니다. 이날 어떤 태도로 현장 학습에 임해야 할까요? 진지하게 배우는 자세로 질서를 지키고, 안전에 주의하며, 선생님의 지시를 잘 따라야 할 것입니다. 자기 마음대로 행동을 해서 사고가 발생하는 일은 절대 일어나서는 안 될 것입니다.
>
> 현장 학습 장소는 동물원입니다. 정확한 날짜는 다음 주 월요일입니다. 학교에는 평소대로 8시 30분까지 옵니다. 준비물은 필기도구와 메모장, 카메라 등을 준비하면 됩니다. 점심과 간단한 간식이 필요합니다. 마치는 시간은 2시이고, 학교에서 도착하는 시간은 2시 40분 정도가 될 것입니다.

☺ 구체적인 질문은 어떤 경우에 하나요?

단순한 답이나 정보를 알고자 할 때, 묻는 질문이에요.

☺ 이렇게 구체적인 답을 얻고자 할 때, 그 답을 알고자 질문을 할 수 있어요. 현장 학습에 대한 내용을 질문할 경우 구체적인 질문을 써 보세요.

가는 장소는 어디인가요?

무엇을 타고 가나요?

차비는 들고 와야 하나요?

간식을 싸 와야 하나요?

현장 학습을 마치고 몇 시에 도착하나요?

필요한 필기도구나 학습 준비물이 필요하나요?

8차시:
질문하기

함께 이야기해 보기

질문하기의 좋은 점이 무엇인지 적어 봅시다.

질문을 하면 우리는 공부에 힘을 얻을 수 있어요.

질문을 하면 그 답을 얻는 경험을 하게 되어 기억에 도움이 되어요.

질문하면 자신감을 얻을 수 있어요.

질문하면 내가 무엇을 모르는지 알 수 있어요.

질문하기의 목적을 적어 봅시다.

내가 알고자 하는 정보를 수집하고 이해할 수 있다.

나 스스로 탐색하는 자세를 기를 수 있다.

내가 모르는 점을 해결할 수 있다.

나의 이해를 넓힐 수 있다.

참고자료

☺ 기자가 되어 인터뷰하기

　　당신은 지금 세계적인 축구 선수이자 자랑스러운 대한민국의 대표 선수인 박지성 선수와 단둘이 인터뷰를 하게 되었습니다. 기자로서 국민이 궁금해하는 것을 대신 질문하게 되었는데요, 국민이 박지성 선수에게 궁금해하고 알고 싶어 하는 것은 무엇일까요? 국민이 알고 싶어 하는 것을 질문으로 만들어 봅시다.

☺ 박지성 선수! 이 점이 궁금해요.

1. _____

2. _____

3. _____

4. _____

5. _____

☺ 이제 내가 박지성 선수가 되었다고 생각하고 대답해 봅시다.

1. _____

2. _____

3. _____

4. _____

5. _____

9차시: 암기하기

차시의 특성

학습장애 학생들은 어떠한 유형이든 기억의 문제를 지니고 있다고 알려져 있다. 학습장애 학생의 기억문제를 이해하기 위해서는 학습과정에 능동적으로 참여하는 데 필요한 전략 결함에 초점을 맞추어야 한다. 학습장애 학생이 기억문제를 잘 처리하지 못하는 것은 능력에 결함이 있는 것이 아니라 조직화나 부호화 또는 시연과 같은 인지전략을 사용하는 데 어려움이 있기 때문이다. 기억은 학습과정에서 중요한 부분이다.

9차시의 목적은 학습장애 학생으로 하여금 다양한 방법을 사용하여 기억이라는 과업에 부담감을 느끼거나 거부감을 느끼지 않도록 도움을 주는 데 있다. 자신이 평소에 사용하는 암기법이 있는지 확인해 보는 절차를 거쳐서, 첫 글자 따서 외우기, 노래 만들어 외우기, 새로운 의미 만들어서 외우기 등 다양한 방법을 경험하면서 어떤 방법이 자신에게 적합하고 활용하기 좋은지 찾아보는 시간을 갖는다. 이와 같은 암기법을 학습함으로써 학생은 자아효능감을 경험할 수 있으며, 실제적으로 학업성취도 향상에 기여할 수 있을 것이다.

이번 차시는 다양한 암기법을 활용해 보는 것으로 구성되어 있다. 학생들이 쉽게 흥미를 가질 수 있는 국기 그림을 이용하여 지금까지 암기를 하는 데 어떤 방식을 주로 사용하였는지 파악해 본 후에 다양한 암기법을 살펴본다. 여기서 중요한 것은 암기를 할 때 재미와 상상력을 활용하는 것이다. 사람이 무언가에 관심을 가지기 위해서는 흥미가 유발되어야 하는데, 그 흥미를 유발하는 것들 중 학생이 유용하고 효과적으로 사용할 수 있는 방법이 바로 재미있는 놀이나 상상력을 활용하는 것이다. 재미있게 그리고 상상력을 발휘하여 암기를 할 수 있는 방법을 경험해 봄으로써 실제 암기를 해야 하는 상황에서도 스스로 재미있는 방법을 고안해 암기를 할 수 있도록 돕는다.

학습목표	■ 여러 가지 재미있고 다양한 암기의 기법들을 알 수 있다.
	■ 암기의 기법들을 사용하여 외울 수 있다.

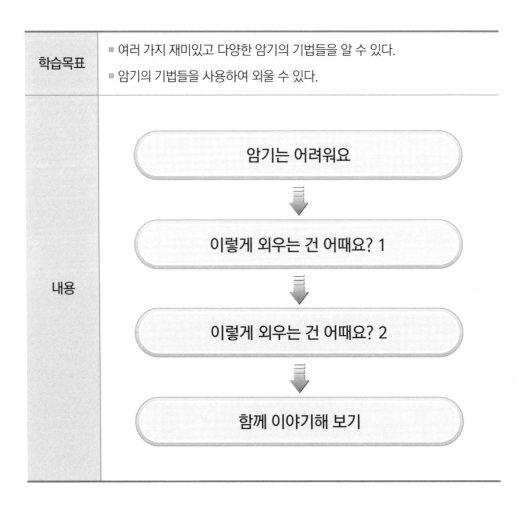

	암기는 어려워요
내용	↓
	이렇게 외우는 건 어때요? 1
	↓
	이렇게 외우는 건 어때요? 2
	↓
	함께 이야기해 보기

9차시:
암기하기

암기는 어려워요

Tip 다양한 색깔과 모양으로 구성되어 있는 여러 나라의 국기와 국가 이름을 재미있게 외우도록 한다. 학생들이 암기를 할 수 있는 일정한 시간(3~5분)을 준 후, 실제로 암기를 어느 정도 했는지 알아본다. 국기의 이름을 외우기 위해 어떠한 방법을 사용하였는지 함께 이야기해 보고, 어떻게 하면 좀 더 재미있는 방법으로 암기를 할 수 있을지 함께 생각해 볼 수 있도록 한다.

📋 다음에 있는 각 나라의 국기를 외워 봅시다.

	가나
	미국
	북한
	필리핀

	한국
	베트남
	브라질
	영국
	네팔

📋 외워서 적어 봅시다.

★	베트남
🇺🇸	미국
🇧🇷	브라질
🇬🇧	영국
🇵🇭	필리핀

📋 몇 개 맞혔나요? 다 맞힌 친구가 있다면 어떻게 외웠나요? 혹시 자신만의 외우기
방법이 있으면 이야기해 봅시다.

국기의 두드러진 특징과 국가 이름의 첫 글자를 함께 외운다.

이렇게 외우는 건 어때요? 1

Tip 앞 글자 따서 외우기, 노래 만들어 외우기 전략을 활용하여 재미있고 효과적으로 암기하는 방법을 연습하는 활동이다. 과정을 재미있게 느끼고 성취감을 느낄 수 있도록 적절한 지원을 제공한다.

앞 글자 따서 외우기

수금지화목토천해!

이게 뭘까요? 우리가 살고 있는 지구와 함께 태양을 돌고 있는 친구 별들입니다. 이 별들의 이름은 각각 '수성, 금성, 지구, 화성, 목성, 토성, 천왕성, 해왕성'이랍니다. 이름의 전체를 외워도 되지만, 보다 쉽게 외우기 위해서는 앞 글자를 따서 외우는 방법도 있답니다.

이렇게 두 번만 따라서 큰 소리로 읽어 보세요.

수금지화목토천해!

수금지화목토천해!

그럼, 이제 눈을 감고 외워 봅시다. 잘 외울 수 있죠? 이렇게 첫 글자를 따서 외우면 보다 쉽게 외울 수 있답니다.

😊 그럼 다음에 있는 것들도 한 번 외워 보아요.

태정태세문단세……

조선시대 왕들의 이름의 첫 글자를 이어서 만든 거예요.

태조 - 정조 - 태종 - 세종 - 문종 - 단종 - 세조……

태정태세문단세~!

태정태세문단세～～!

혈액이 흐르는 순서를 나타낸 거예요.

심장 → 동맥 → 모세혈관 → 정맥 → 심장

첫 글자를 따서 외울 때 간단한 노래를 만들어서 외우면 더 쉽게 외울 수 있겠죠?

심동모정심~ ♪♬

심동 /모~~정 모~~정 심→심/심\~ ♪♬♬♪♬

📋 노래 만들어 외우기

☺ 외우기 힘들 것 같아 보이는 것도 노래로 만들어 외우면 재미있게 외울 수 있답니다.

'흰 눈 사이로' 가락에 맞추어

1. 미국 워싱턴 영국에 런던 프랑스 파리 러시아 모스크바
   미얀마 양곤 쿠바 아바나 예멘 사나 터키 앙카라 독일 베를린
   캐나다 오타와 스위스 베른 페루 리마 중국 베이징 튀니지 튀니스
   벨기에 브뤼셀 멕시코시티 포르투갈 리스본 코리아 서울

2. 호주 캔버라 타이에 방콕 필리핀 마닐라 이란 테헤란
   인도 뉴델리 일본 도쿄 그리스 아테네 앙골라 루안다 케냐 나이로비
   핀란드 헬싱키 알제리 알제 이탈리아 로마 스페인 마드리드
   폴란드 바르샤바 브라질리아 이스라엘 예루살렘 코리아 서울

3. 칠레 산티아고 가나 아크라 요르단 암만 덴마크 코펜하겐
   몰타 발레타 수단 하르툼 체코 프라하 이집트 카이로 네팔 카트만두
   불가리아 소피아 노르웨이 오슬로 북한 평양 세네갈 다카르 볼리비아
      라파스
   아일랜드 더블린 오스트리아 빈 우루과이 몬테비데오 코리아 서울

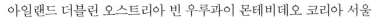

이렇게 외우는 건 어때요? 2

Tip 학교에서의 성공적인 학습을 위해서는 잘 외워지지 않는 단편적인 단어들의 나열을 외워야 할 필요도 있다. 단어의 음을 이용하여 새로운 의미를 만들어 외우는 전략을 연습한다.

📋 새로운 의미 만들기

😊 인상파 미술가 – 마네, 모네, 세잔, 고흐

마네가 모내기를 하다가 물을 세 잔 마시고 고추를 먹더니 흐흐하더라

😊 법의 5단계 – 헌법, 법률, 명령, 조례, 규칙

헌법의 글씨는 명조체를 규칙으로 한다.

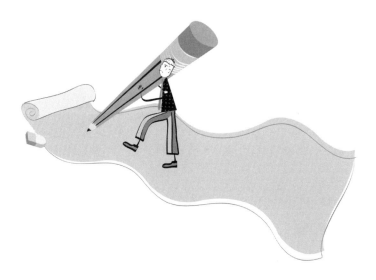

9차시: 암기하기

함께 이야기해 보기

📋 외우기에 대해서 배운 점이 있다면 적어 봅시다.

> 재미있게 외우는 방법이 있다는 것을 배웠다.
> 첫 글자를 따서 외우거나, 익숙한 노래 음에 맞추어 부르면서 외울 수도 있다.
> 그리고 단어들을 연결해서 한 문장으로 만들어 외우는 것도 재미있었다.

📋 이번 시간에 배운 외우기 기술 중에 사용하고 싶은 기술을 적어 보고 어떻게 사용할 수 있을지 생각해 봅시다.

> 마지막에 배운 단어들을 연결해서 한 문장으로 만드는 기술이 재미있었다.
> 시험을 볼 때 외워야 하는 내용에 적용해 보고 싶다.

참고자료

☺ 그림 보며 암기하기

■ 다음 과학도구들의 그림을 보면서 이름을 외워 봅시다.

	스포이트		비커
	약수저		알코올램프
	깔때기		샬레
	시험관		삼각 플라스크
	현미경		채집통

■ 아래의 빈칸에 외운 것을 채워 보세요.

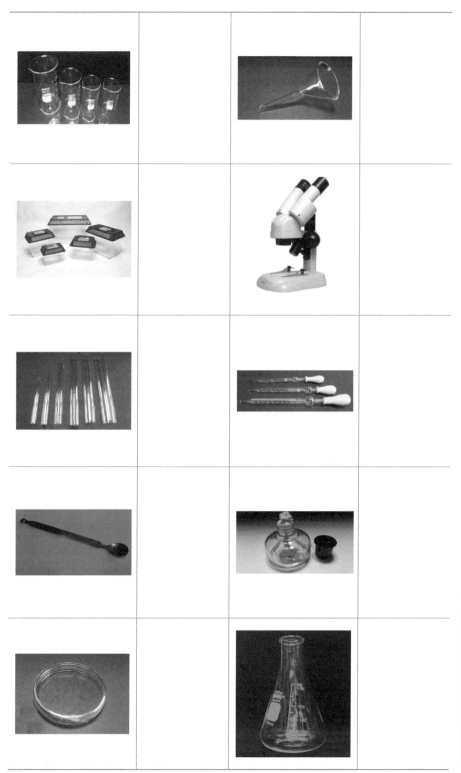

☺ 이번 차시에서 살펴본 암기 방법들 외에 다른 방법을 알고 있거나 사용하고 있다면 함께 이야기해 봅시다.

_____

_____

_____

_____

_____

_____

10차시: 인지전략 총정리

🔍 차시의 특성

  인지전략 영역의 목표는 학습장애 학생이 학습에 필요한 인지전략 및 기술을 익혀 수업 내용을 좀 더 효과적으로 이행하고 학습할 수 있도록 하는 것이다. 이를 위해 학생들이 주어진 학습 내용을 충분히 이해하고 필요한 내용을 기억할 수 있는 다양한 전략들이 소개되었다. 그 하위 전략들에는 예상하기, 반복하기, 요약하기, 표로 나타내기, 이야기 만들기, 질문하기, 암기하기 등이 있다.

  10차시는 앞선 차시에서 배웠던 전략들이 무엇이었는지 다시 한 번 상기해 보고, 읽기 자료를 읽고 그에 따른 문제를 해결하는 과정에 그 전략들을 적용해 보는 활동으로 구성되어 있다. 이 활동을 통해 일곱 가지 전략들을 통합적으로 사용하는 방법을 익힘으로써 이 전략들을 지속적이고 자율적으로 사용할 수 있는 능력을 키울 수 있도록 지도한다.

학습목표	■ 인지전략에 대해 정리할 수 있다. ■ 다양한 인지기술을 종합적으로 사용할 수 있다.
내용	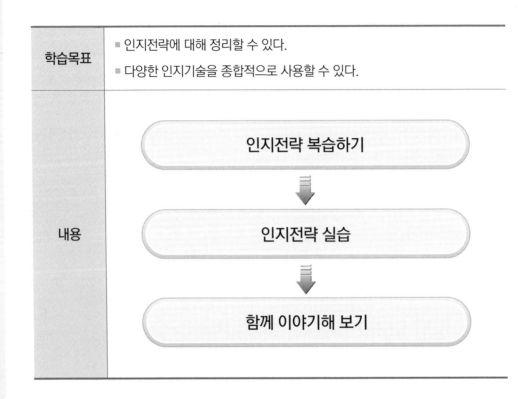

인지전략 복습하기

> **Tip** 앞에서 진행된 9차시에 걸쳐 배웠던 인지전략들을 다시 생각해 보면서 각각의 전략들이 어떤 것
> 인지 간단하게 설명을 적어 보도록 한다. 이는 1차시에서 읽고 지나갔던 인지전략 퍼즐과 같다.

📖 지금까지 배웠던 인지전략을 포함한 여러 인지전략에 대해서 다시 생각해 봅시다.

	예상하기		제목이나 그림을 본 후, 내가 이미 알고 있는 정보를 사용해서 어떤 내용이 이어질지 예상해 봅니다.
	반복하기		여러 번 보고, 읽고, 말하고, 들어서 배운 내용을 더욱 잘 기억하도록 합니다.
요약하기		핵심 단어 뽑기	글의 중요한 핵심이 되는 단어를 뽑아서 글의 내용을 간단하게 정리해 봅니다.
		중요한 문장 밑줄 긋기	중요한 문장은 나중에 찾기 쉽게 밑줄을 긋습니다.
		불필요한 문장 제외하기	중요하지 않은 내용은 선을 그어 지워서 중요한 내용만 볼 수 있도록 합니다.
	표나 그림으로 나타내기		표나 그림을 그려 이야기의 중요한 내용을 정리합니다.
	의역하기		이미 적혀 있는 단어나 구절에 얽매이지 않고 스스로 이해하기 쉽게 전체의 뜻을 살려 해석합니다.
	질문하기		모르거나 의심되는 점을 물어봅니다.
	암기하기		중요하다고 생각하는 부분을 외웁니다.

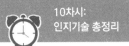

10차시:
인지기술 총정리

인지전략 실습

Tip 지금까지 배웠던 인지전략들을 사용하며 주어진 글을 읽고 문제에 답해 보도록 지도한다.

📋 다음의 이야기를 읽고 생각하며 질문에 답해 봅시다.

제목: 푸른숲수목원의 식물

☺ '푸른숲수목원의 식물'이라는 제목을 듣고 떠오르는 생각이나 이미지가 있다면 말해 봅시다.

이름이 푸른숲수목원인 만큼 푸르고 아름다운 숲 속에 사는 식물들에 대한 이야기가

나올 것 같다.

　　우리 푸른숲수목원에는 울창한 나무와 아름다운 들꽃 등 다양한 식물이 자라고 있습니다. 무성히 자란 풀숲 사이로 오솔길이 나 있습니다. 이곳에 오시면 전나무, 잣나무, 소나무 향을 맡으며 흙을 밟고 걸을 수 있습니다.
　　오솔길이 끝나는 곳에 들꽃 정원이 있습니다. 이곳에는 예로부터 우리나라의 산과 들에서 자라 온 여러 가지 들꽃이 피어 있습니다. 범부채 꽃, 구절초 꽃, 패랭이 꽃 등 주변에서 흔히 볼 수 없는 들꽃이 있습니다.
　　채소밭에는 채소들이 햇빛을 받으며 푸릇푸릇하게 자라고 있습니다. 오이, 호박, 상추, 가지, 배추 등의 채소가 자라는 모습과 열매를 맺는 모습을 볼 수 있습니다.
　　푸른숲수목원에서 아름다운 자연을 느껴 보시기 바랍니다.

☻ 앞의 글을 읽으면서 중요하다고 생각하는 문장에 밑줄을 그어 보세요.

☻ 그리고 가장 중요하다고 생각하는 단어를 하나만 찾아 동그라미를 쳐 보세요.

☻ 글에서 나오는 나무와 꽃의 종류를 다이어그램으로 그려 봅시다.

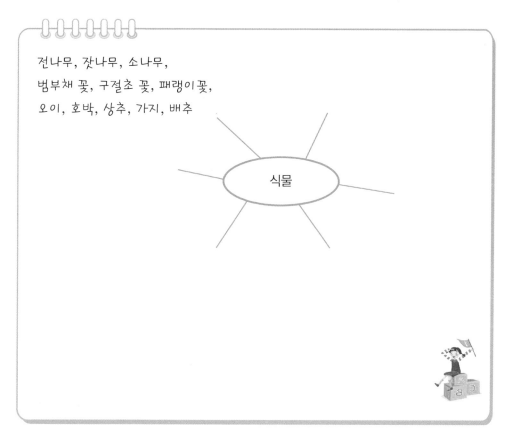

전나무, 잣나무, 소나무,
범부채 꽃, 구절초 꽃, 패랭이꽃,
오이, 호박, 상추, 가지, 배추

식물

☻ 위에 그린 다이어그램을 글로 풀어서 다시 써 봅시다.

위 글에 나오는 식물의 종류에는 전나무, 잣나무, 소나무, 범부채 꽃, 구절초 꽃, 패랭
이꽃, 오이, 호박, 상추, 가지, 배추 등이 있습니다.

☻ 채소밭에는 어떤 채소가 있나요? 채소 다섯 가지를 외울 수 있는 방법을 생각해서 외워 봅시다. 그리고 어떻게 외웠는지 다음에 적고, 발표해 봅시다.

오이, 호박, 상추, 가지, 배추의 첫 글자를 따서 '오호상가배'와 같이 외울 수 있습니다.

10차시:
인지기술 총정리

함께 이야기해 보기

📝 이번 시간에 새롭게 알게 된 점이나 느낀 점을 적어 봅시다.

여러 가지 전략들을 사용해서 더 쉽게 기억하고 이해할 수 있는 방법이 있다는
것을 알게 되어서 유익했다.

지금까지 여러 가지 인지전략을 배워 보았습니다. 여러분은 어떤 인지전략이 가
장 마음에 들었나요? 그리고 어떤 전략이 가장 힘들었나요? 꼭 모든 전략을 다 사
용해야 하는 것은 아니에요. 조금씩 공부하면서 자신에게 맞는 전략을 찾아서 사
용하세요. 또한 상황에 적합한 전략이 어떤 것이 있는지 생각해 보는 것도 좋은 방
법입니다.

참고자료

■ 다음 제목을 보고 떠오르는 생각이나 이미지가 있다면 표현해 봅시다.

제목: 실수에 대처하는 스티브 잡스의 자세

　　어린 시절, 스티브 잡스는 문제가 생겼을 때 좌절하지 않고 그것을 해결하려는 사람이었습니다. 그에게는 실수를 두려워하지 않는 자세가 있었습니다. 학교생활에 적응하지 못했어도 그는 자신을 미워하거나 절망에 빠지지 않았습니다. 지금은 부족하고 실수투성이라도 언젠가 자신은 잘될 것이라는 생각을 늘 마음 한편에 갖고 있었습니다.

　　스티브의 삶을 살펴보면 성공의 횟수보다 그가 저지른 실패와 좌절의 횟수가 훨씬 더 많다는 사실을 어렵지 않게 알 수 있습니다. 그럼에도 스티브는 자신에게 친절해지는 법을 알고 있었습니다. 자신의 실수를 받아들이고 한 번 더 자신에게 기회를 주는 법을 알고 있었던 것입니다.

　　누구라도 실수를 하기 마련입니다. 특히 자라나는 어린 시절은 시행착오를 많이 경험하는 시기입니다. 학교와 가정에서 많은 것을 배우고 받아들이는 성장의 과정에 있기 때문이죠. 중요한 것은 실수를 하지 않는 것이 아니라, 그것을 어떻게 받아들일 것인가입니다.

■ 위의 글을 읽으면서 중요하다고 생각하는 문장에 밑줄을 그어 보세요.

■ 스티브 잡스는 실수했을 때, 어떤 태도를 가졌나요?

_____

_____

_____

■ 마음에 드는 문장을 하나 골라서 친구에게 그대로 말해 봅시다.

_____

_____

MEMO

김동일(Kim, Dongil)

　현재 서울대학교 사범대학 교육학과 교육상담전공 및 대학원 특수교육전공 주임교수로 재직하고 있다. 서울대학교 교육학과를 졸업하고 교육부 국비유학생으로 도미하여 미네소타대학교 교육심리학과(학습장애)에서 석사·박사학위를 취득하였다. Developmental Studies Center, Research Associate, 한국청소년상담원 상담교수, 경인교육대학교 교육학과 교수, 한국학습장애학회 회장, 한국교육심리학회 부회장, (사)한국상담학회 법인이사, 한국청소년상담(복지개발)원 법인이사를 역임하였다. 2002년부터 국가수준의 인터넷중독 척도와 개입연구를 진행해 왔으며, 정보화역기능예방사업에 대한 공로로 행정안전부 장관표창을 수상하였다. 현재, BK21PLUS 미래교육디자인연구사업단 단장, 서울대 다중지능창의성연구센터(SNU MIMC Center) 소장, 서울대 특수교육연구소(SNU SERI) 소장 및 한국아동청소년상담학회 회장, 한국인터넷중독학회 부회장, 여성가족부 청소년보호위원회 위원, (사)한국교육심리학회 법인이사 등으로 봉직하고 있다. 『학습장애아동의 이해와 교육』『학습상담』『학교상담과 생활지도』『학교기반 위기대응개입 매뉴얼』『특수아동상담』을 비롯하여 30여 권의 (공)저서와 200여 편의 학술논문이 있으며, 10개의 표준화 심리검사를 개발하고, 20편의 상담사례 논문을 발표하였다.

BASA-ALSA와 함께하는 학습전략 프로그램 워크북 ④

인지전략 기르기

2015년 8월 25일 1판 1쇄 인쇄
2015년 9월　1일 1판 1쇄 발행

지은이 • 김동일
펴낸이 • 김진환
펴낸곳 • (주) **학지사**

　　　　121-838 서울특별시 마포구 양화로 15길 20 마인드월드빌딩
대표전화 • 02)330-5114　　　팩스 • 02)324-2345
등록번호 • 제313-2006-000265호

홈페이지 • http://www.hakjisa.co.kr
페이스북 • https://www.facebook.com/hakjisa

ISBN　978-89-997-0794-0　94370
　　　　978-89-997-0790-2 (set)

정가 9,000원

인터넷 학술논문 원문 서비스 **뉴논문** www.newnonmun.com

이 도서의 국립중앙도서관 출판시도서목록(CIP)은 서지정보유통지원시스템
홈페이지(http://seoji.nl.go.kr)와 국가자료공동목록시스템(http://www.
nl.go.kr/kolisnet)에서 이용하실 수 있습니다.
(CIP제어번호: CIP2015025972)

BASA | 기초학습기능 수행평가체제란?
Basic Academic Skills Assessment

학습부진 아동이나 특수교육 대상자의 학업수행수준을 진단·평가하는 국내 최초의 검사로 실시가 간편하고 비용부담이 적어 반복실시가 가능하며, 전체 집단 내에서 아동의 학습능력이 어느 정도인지 상대적인 수준 파악이 가능합니다.

아동의 기초학습기능 수행발달수준을 진단하고 학습발달정도를 반복적으로 평가하여 학습수준을 모니터링함으로써 학습부진 영역에 관한 구체적인 정보를 얻을 수 있습니다. 또한 이를 통해 추후 발생할 수 있는 학업문제들을 예방하고 대상자의 수준에 알맞은 교수계획 및 중재계획을 수립할 수 있습니다.

BASA 초기수학
수학학습장애 혹은 학습장애위험군 아동의 조기판별 및 초기수학 준비기술 평가

BASA 초기문해
아동의 초기문해 수행수준과 읽기장애를 조기에 판별하고 아동의 학업관련 성장과 진전도 측정에 유용

BASA 읽기
읽기 부진 아동의 선별, 읽기장애 진단을 위한 읽기유창성검사

BASA 쓰기
쓰기능력 발달과 성장을 측정하고 쓰기부진아동의 진단 및 평가

BASA 수학
수학 학습수준의 발달과 성장을 측정하고 학습부진, 특수교육 아동을 위한 진단 및 평가

KOPS KOrea Psychological Services
학지사 심리검사연구소
www.kops.co.kr